© 1988 Éditions Nathan, Paris
Franz. Originaltitel: MAMAN LAVE MON OURS
Erstmals erschienen bei Éditions Nathan, Paris, Frankreich
Alle Rechte vorbehalten.
Copyright für die deutsche Ausgabe:
© 1992 Pestalozzi-Verlag, D 8520 Erlangen
Gesamtherstellung: Pestalozzi-Verlag
ISBN 3-614-47754-1

Kleine Leute, kleine Sorgen

Mutti wäscht meinen Teddy

Bilder und Text von
Véronique Chéneau

ins Deutsche übertragen von
Gisela Fischer

Pestalozzi-Verlag, D 8520 Erlangen

Daniel ist an diesem Morgen ganz traurig.
Heute will Mutti nämlich seinen Teddy waschen.

„Er ist danach ganz sauber
und riecht auch wieder gut", sagt Mutti.
„Mein Teddy ist nicht schmutzig", widerspricht Daniel.
„Und außerdem hab' ich seinen Geruch sehr gern!"

Mutti steckt den Teddy in die Waschmaschine.
„Mein armer Teddy! Wie wird der jetzt herumgewirbelt!
Bestimmt ist ihm hinterher ganz schlecht!" sagt Daniel.

Endlich ist die Wäsche fertig.
Daniel nimmt seinen pitschnassen Teddy in den Arm
und schmust mit ihm.

Mutti hängt den Teddy an den Ohren auf,
damit er trocknet.
„Armer, armer Teddy", denkt Daniel.
„Heute geht's ihm wirklich schlecht!"

Nach dem Mittagessen legt sich Daniel ins Bett.
Aber er schläft gar nicht gut.
Sein Teddy fehlt ihm sehr,
und er hat ganz schlimme Träume.

Sobald Daniel wach ist,
läuft er ganz schnell zu seinem Teddy.
Er möchte ihm einen dicken Kuß geben.

Er klettert auf den Hocker
und beugt sich zu seinem Teddy vor.
Da kippt der Hocker, und pardauz! fällt Daniel in die Wanne.

Nun hat Daniel eine ganz dicke Beule.
Mutti tröstet ihn. Sie klebt ein Pflaster darüber
und malt einen Teddy darauf.

Der Teddy ist nur noch ein bißchen feucht.
Daniel legt ihn auf den warmen Heizkörper,
damit er schnell ganz trocken wird.

Am Abend schnuppert Daniel an seinem Teddy.
„Bäh!" macht er,
„vorher hat er viel besser gerochen!"

Mit Muttis weicher Haarbürste
macht Daniel nun seinen Teddy schön.
Er bürstet ganz vorsichtig, damit es nicht ziept.

Daniel zeigt Mutti seinen Teddy.
„Du hast wirklich einen wunder-, wunderschönen Teddy",
sagt sie.

Daniel ist glücklich.
„Du bist der schönste Teddy auf der ganzen Welt!"

„Dich hab' ich auch lieb", sagt Daniel zu seiner Mutti.
„Sogar wenn du meinen Teddy wäschst."